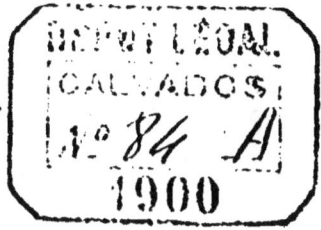

Congrès de La Ferté=Macé

— 1899 —

COMMUNICATIONS

FAITES

Par Louis DUVAL

ARCHIVISTE DE L'ORNE

Congrès de La Ferté=Macé

— 1899 —

COMMUNICATIONS

FAITES

Par Louis DUVAL

ARCHIVISTE DE L'ORNE

——— ✳ ———

« Une bonne classification des noms de lieu du Passais servirait à déterminer l'âge de chaque localité et fournirait des indices sur l'état du sol à l'époque où chaque agglomération s'est formée.

Les noms des cours d'eau sont, en général, les plus anciens; or, il faut noter que, dans l'arrondissement de Domfront, ceux qui paraissent antérieurs à la conquête romaine sont peu nombreux.

On peut citer : la Mayenne (*Meduana*, *Medena*, *Mediena*);

L'Égrenne, qui, d'après M. H. Cocheris, peut dériver du *Kimry Gwara* (défendre l'accès des palissades), d'où garer, garder, jardin, etc. ;

La Gourbe, — le Longouvère, — le Maure, — le Quincé, — la Visance, — la Durance, — la Verre, — la Corvelle, — le Mainguère, — la Pisse.

On trouve, au contraire, dans cette circonscription, un bon nombre de noms de cours d'eau qui viennent du français.

Tels seraient la Vie, que certains veulent faire venir du latin *Via*.

Le Noireau (*Nigra aquā*), — la Rouvre, — la

Mousse, — le Doitineau, — le Marais, — l'Ortel, — le Boulie.

Les noms de lieux dont l'étymologie ne paraît pas pouvoir être tirée du latin et que l'on doit considérer comme les plus anciens, sont assez peu nombreux, tels sont :

Avrilly, — Bellou, — Beauvain, — Berjou, — Couterne, — Lonlay-l'Abbaye, — Lonlay-le-Tesson, — Loré, — Lucé, — Magny, — Mantilly, — Montilly. — Moncy, — Messey, — Passais, — Tessé.

Les noms d'origine latine qui paraissent représenter le souvenir d'un *possessor romanus* ou de quelque circonstance locale sont plus rares encore :

Antoigny (*Antoniacum*), la villa d'Antonius.

Cerisy (*Cerisiacum*), la villa des Cerisiers.

Juvigny (*Joviniacum*), la villa de Jovinius.

Il est même probable que, dans le Passais comme ailleurs, certaines localités, habitées à l'époque romaine, furent abandonnées et ruinées dans la longue période de troubles qui précéda la chute définitive de l'Empire. Nous avons sous les yeux un fait caractéristique qui semble donner pleinement raison à cette opinion, émise par M. le comte de Montalembert dans son beau livre *les Moines d'Occident*; c'est l'existence, autour de La Ferté-Macé, d'un canton appelé le Désert : Magny-le-Désert, Saint-Maurice-du-Désert, Saint-Patrice-du-Désert, le Désert, hameaux de La Ferté et de la Coulonche.

Ce nom du Désert se rencontre, d'ailleurs, dans sept autres localités du même arrondissement : à la Ferrière-aux-Étangs et à Dompierre, à Tinchebray, à la Chapelle-aux-Moines, à Larchamp et à Saint-Christophe-de-Chaulieu. L'abbaye de Lonlay porta également, dans l'origine, le nom de Notre-Dame-des-Déserts.

Il existe, en outre, dans le même arrondissement, une commune du canton de La Ferté-Macé et trois hameaux du nom de la Sauvagère : à la Chapelle-Biche, à Torchamp et à Saint-Mars-d'Égrenne.

On peut donc admettre qu'au commencement de l'époque mérovingienne, dans le Passais, les forêts et les terres incultes étaient plus étendues qu'à l'époque du haut empire.

On doit s'attendre aussi à y rencontrer un grand nombre de localités et de lieux dits portant des noms d'arbres ou de plantes forestières. Nous avons donc des séries nombreuses de noms auxquels nous croyons reconnaître cette origine.

LE BOULEAU. — La Boulaie, communes de Bellou, Fresnes, Ménil-Ciboult, Saint-Gilles-des-Marais, Tessé-Froulay.

Le Boulay, communes de la Chapelle-Moche, Durcet, Échalou, Montilly, Saint-Mars-d'Égrenne, Sainte-Opportune, Torchamp, les Tourailles.

LE CHÊNE. — Beauchesne, canton de Tinchebray ; Beauchêne, hameau de la commune de Sainte-Opportune.

La Chesnaie, communes de Champsecret, Mantilly, Messey, Saint-Fraimbault, Saint-Christophe-de-Chaulieu, Saint-Siméon et la Sauvagère.

Le Chesnay, communes de Bellou-en-Houlme,

Ceaucé, Chanu, Domfront, Magny-le-Désert, Saint-Bômer et Saint-Paul.

Les Chesnaies, commune de Sept-Forges.

Le Chêne, commune de Magny-le-Désert.

Le Gros-Chêne, commune de la Chapelle-Moche.

Le Chêne-aux-Fées, commune de Passais.

Le Chêne-Blanc, commune de la Baroche.

Le Chêne-Creux, commune d'Avrilly.

Le Chêne-de-la-Clé, commune de la Coulonche.

EPINE. — L'Épinay-le-Comte, canton de Passais.

L'Épinay, commune de la Chapelle-Moche.

Les Épinais, communes de Saint-Mars-d'Égrenne et Céaucé.

L'Épine, communes de Saint-Bômer et de Saint-Roch-d'Égrenne.

L'Épine-des-Champs, commune de Montilly.

L'Épine-Heuzé et l'Épine-Norbières, commune de Lonlay-l'Abbaye.

L'Épinette, communes de la Baroche-sous-Lucé, La Ferté-Macé, Lonlay-l'Abbaye et Tinchebray.

Les Épinettes, commune de Rouellé.

L'Épinouze, commune d'Athis.

ERABLE. — Communes de Lucé et Mantilly.

LE HÊTRE (*Fagus*).—Le Fauc, commune de Berjou.

Le Faie-Courbe, commune de Tessé-la-Madeleine.

Le Faure, communes de Lonlay-l'Abbaye et Mantilly.

Le Fou-la-Bigne, commune de Berjou.

Le Fouc, commune de Champsecret.

Le Fay, communes de Couterne, La Ferté-Macé, Landisacq, Lonlay-l'Abbaye, Saint-Georges-des-Groseillers, Saint-Gilles-des-Marais, Sainte-Opportune et la Selle-la-Forge.

Les Fougères. — Clairefougères, canton de Tinchebray.

La Fougère, commune d'Yvrandes.

Le Fougeray, communes de Geneslay, Passais et Saint-Roch-sur-Égrenne.

La Fougeraye, communes d'Épinay-le-Comte et Ronfeugeray.

Le Frêne. — Fresnes, canton de Tinchebray,

Le Fresne, communes d'Avrilly, Couterne. Domfront, la Haute-Chapelle.

Le Fresnay, communes de Loré et Sairre-la-Verrerie.

Le Haut-Fresnay, commune de Céaucé.

La Fresnaie, commune de Bellou-en-Houlme.

Les Fresnaies, commune de Chanu.

Le Frenouze, commune de Mantilly.

Le Rouvre. — Rouvrou, commune de Ménil-Hubert.

Le Rouvray, commune de Bellou-en-Houlme.

Les Rouvrettes, commune de Lonlay-le-Tesson.

Le Houx. — Communes de la Baroche, Geneslay, Montilly, Saint-Cornier, Saint-Siméon-de-Passais, le Bois-Home et Saint-Roch-sur-Égrenne.

La Houssaye, communes de la Chapelle-Moche, la Lande-Saint-Siméon, Lonlay-l'Abbaye, Magny-le-

Désert, Mantilly, Saint-Fraimbault, Saint-Pierre-du-Regard.

Les Houssaies, commune de Messey.

Les hameaux appelés Le Bois sont au nombre de cinquante-sept, savoir :

Saint-Jean-des-Bois, canton de Tinchebray, et Taillebois, canton d'Athis.

Le Bois, communes d'Athis, Céaucé, la Chapelle-Biche, Flers, Larchamp, Loré, Méhoudin, Messey, Montilly, Saint-Christophe, Saint-Fraimbault, Saint-Roch et Saint-Siméon.

Le Bois-Alep, commune de Lonlay-l'Abbaye.

Le Bois-André, commune de la Carneille.

Le Bois-au-Creux, commune de la Sauvagère.

Le Bois-Baronnet, commune de Saint-Pierre-du-Regard.

Le Bois-Besnard, commune des Tourailles.

Le Bois-Bitour, commune de Domfront.

Le Bois-Blondel, commune de la Baroche.

Le Bois-Bunoult, commune de Domfront.

Le Bois-Ellier, commune de Lonlay-l'Abbaye.

Le Bois-Begean, commune de Mantilly.

Le Bois-de-Flers, commune de Saint-Georges-des-Groseilliers.

Le Bois-de-Landelles, commune de la Haute-Chapelle.

Le Bois-de-Launay, commune de Domfront.

Le Bois-de-Saint-Brice, commune de Saint-Brice.

Le Bois-de-Tessé, commune de Tessé-Froulay.

Le Bois-de-Vilaine, commune de Saint-Mars-d'Égrenne.

Le Bois-des-Ventes, commune de Saint-Fraimbault.

Le Bois-Fouquet, commune de Saint-Roch-sur-Égrenne.

Le Bois-Frican, commune de Céaucé.

Le Bois-Gervais, commune de Messey.

Le Bois-Gontier, commune de la Baroche.

Le Bois-Gonaux, commune de Champsecret.

Le Bois-Guénoult, commune de la Chapelle-Moche.

Le Bois-Guérin, commune de Messey.

Le Bois-Guillaume, commune de Banvou.

Le Bois-Hôle, commune de Domfront.

Le Bois-Halé, commune de Saint-Bômer.

Le Bois-Hodé, communes de Beaulandais et Saint-Bômer.

Le Bois-Josselin, communes de la Baroche-sous-Lucé et Lucé.

Le Bois-Lucien, commune de Saint-Paul.

Le Bois-Loquereau, commune de Geneslay.

Le Bois-Maillard, commune de la Lande-Patry.

Le Bois-Morin, commune de Lucé.

Le Bois-Motté, commune de la Chapelle-Moche.

Les Boisnards.   id.

Le Bois-Poirier.   id.

Le Bois-Robert, commune de Saint-Cornier.

Le Bois-Gillard, commune de la Haute-Chapelle.

Le Bois-Val, commune de Mantilly.

Le Bois-Verin, commune de Céaucé.

Le Bois-Viel, commune de Lonlay-l'Abbaye.

LES BROUSSES et LES BROSSES ne sont pas rares :

La Brousse, communes de Champsecret et Lonlay.

Les Brousses, communes de Chanu et la Chapelle-au-Moine.

Les Broussettes, commune de Tinchebray.

La Brosse, communes de la Chapelle-Moche, Juvigny, Mantilly, Saint-Denis-de-Villenette, Saint-Fraimbault et Torchamp.

Les Brosses, communes de Céaucé, la Haute-Chapelle et Méhoudin.

LES GARENNES OU VARENNES sont moins communs:

La Garenne, commune de Messey.

La Garenne, commune de Landisacq.

La Varenne, communes de Champsecret, le Châtellier et Torchamp.

Les Varennes, communes de Saint-Bômer, Saire-la-Verrerie.

LA HAYE et LES HAYES fournissent une série plus étendue.

Nous avons :

La Haie, communes de la Baroche, Céaucé, Chanu et Domfront.

La Petite-Haie, commune de Flers.

La Haie-au-Gué, commune de Domfront.

La Haie-de-Rouellé, commune de Rouellé.

La Haie-Frai, commune de Domfront.

Les Haies, communes de la Carneille, Cerisy, Messey, Perrou et Saint-André-de-Messey.

Les Hautes-Hayes, commune de Torchamp.

Les Haies-Jean, commune d'Athis.

Les Haies-Pouchard, commune de Torchamp.

Il suffit de ces exemples pour montrer le parti que l'on pourrait tirer de l'étude des noms de lieux ».

Bibliographie du canton de La Ferté-Macé.

APPERT (Jules) et P. BERNIER.

Essai sur le prieuré et la baronnie de La Ferté-Macé, d'après les chartes fertoises de Saint-Julien de Tours (Revue catholique de Normandie).

Administration municipale du canton de La Ferté-Macé. — Alençon, Jouenne fils, place de l'Ancien-Cimetière, 3 messidor an VI, in-f° br.

Année 1883. Annuaire pour le canton de La Ferté-Macé. Sommaire : Personnel administratif civil et religieux du canton. Revue de l'année Fertoise, 1882. Les Tripes. Le Prieuré de La Ferté-Macé. Flore du canton. Souvenirs de la haute justice. L'ancien commerce fertois, etc. — La Ferté-Macé, V° A. Bouquerel, 1883.

Association des anciens élèves du Petit-Séminaire de La Ferté-Macé — La Ferté-Macé, V° A. Bouquerel, 1886, in-8°, 4 p. (Compte-rendu de la séance du 14 septembre 1886).

Association Normande pour les progrès de l'agriculture, de l'industrie et des arts, 42ᵉ session du Congrès provincial, du mercredi 8 au dimanche 12 juillet 1874, à La Ferté-Macé (Orne), avec excursion à Bagnoles. — Caen, F. Le Blanc-Hardel, in-fᵉ.

BARSOLLES (V.-L.).

Ariel, opuscule en prose. La Ferté-Macé, 1ᵉʳ janvier 1844. — Argentan, Barbier, in-8ᵉ, 16 p.

BERNIER (P.).

Notice sur la vie du Très Révérend Père Duval, religieux de Sainte-Marie de Tinchebray, prêtre auxiliaire de l'Œuvre expiatoire, décédé à l'âge de 59 ans, le 23 février 1885, à la Chapelle-Montligeon. — Montligeon, imprimerie de l'Œuvre expiatoire, in-8ᵉ, 12-2 p.

BLANCHETIÈRE (Louis).

Monuments mégalithiques des environs de Bagnoles. (Bulletin de la Société historique et archéologique de l'Orne, 1852. t. XI).

— (Tumulus de la Bertinière, dit Grotte des Fées commune de la Sauvagère, canton de La Ferté-Macé. — Le Lit de la Gionne, commune de Juvigny-sous-Andaines).

BOUQUEREL (A.).

Aux habitants de La Ferté-Macé et des environs. — La Ferté-Macé, le 7 août 1869.

— Prospectus pour la publication du *Journal de La Ferté-Macé*.

BRIQUET.

Bref mémoire pour le sieur Pierre-Jean-Jacques-

Noël Loisel aîné, propriétaire, demeurant à Falaise, faubourg Guibray, défendeur ;

Contre les sieurs Michel et Louis Desfoncherets, marchands, demeurant en la commune de la Sauvagère. — Falaise, Letellier, 1823, in-4°, 27 p.

CHALLEMEL (Wilfrid).

Les Tripes de La Ferté-Macé. (Annuaire pour le canton de La Ferté-Macé, 1883, p. 23-26).

— Sonnet à une Pinte en ancienne faïence de Rouen, trouvée à La Ferté-Macé (*Ibid.*, p. 46-47).

— Le Chapeau chinois (*Ibid.*, p. 53-55).

— Souvenirs de la haute justice fertoise (*Ibid.*, p. 63-73.

— La Normandie monumentale (Archives de La Ferté-Macé).

Chambre consultative des arts et manufactures. — Pièce lithographique : Chemin de fer de Flers à Mayenne.

CLOUET (Auguste-Hippolyte).

Faculté de droit de Paris. Thèse pour la licence. — Jus romanum : *Qui testamenta facere possunt et quemadmodum fiant* (Dig., lib. 28, tit. 1). — Droit français : Des testaments, moins la révocation et la caducité (Code civil, de 967 à 1034. — Paris, Vinthors, 1846, in-4°, 19 p.

CONTADES (le comte Gérard de).

Le prieuré de La Ferté-Macé (Annuaire pour le canton de La Ferté-Macé, 1883, p. 26-46).

— L'hermitage de la Héraudière, à Magny-le-

Désert (Bulletin de la Société historique et archéologique de l'Orne, 1883, t. II, p. 81-96).

— La Normandie monumentale.

Delisle (Georges).

Consultation pour : 1º le sieur Louis Defais, jeune,
négociant, et Marie Lainé, son épouse; 2º Joseph
Clérisse, propriétaire et marchand, et Désirée Lainé,
son épouse; 3º René Lainé, propriétaire et marchand; 4º Frédéric Lainé, propriétaire et marchand;
5º Pierre Lainé, propriétaire et marchand; 6º René
Frouel, propriétaire et marchand, comme tuteur de
Torthause et Anastasie Frouel, enfants sortis de son
mariage avec la demoiselle Lainé; tous héritiers du
sieur François Lainé, qui était appelant d'un jugement rendu par le tribunal civil de Domfront, le 7
mai 1822;

Contre : 1ª la demoiselle Marie David, domestique
chez le sieur Chollet, demeurant commune de Magny-
le-Désert; 2ª le sieur Louis David, tisserand, demeurant commune de Lonlay-le-Tesson; 3º le sieur Jean
David; propriétaire et cultivateur, au nom.et comme
subrogé-tuteur de François David, mineur, demeurant commune de Lonlay-le-Tesson, héritiers de
Marie Langlois, leur mère. — Caen, A. Le Roy,
1830, in-4º, 10 p.

Delisle (Georges) et C. Demolombe.

Nouvelle consultation pour le sieur Joseph Barberel et ses consorts, héritiers légitimes du sieur Gilles
Barberel, intimés sur appel de jugement rendu par
le tribunal d'arrondissement de Domfront, le 28 août
1839;

Contre la dame veuve Jean-René Barberel, née Monique Donnet et ses consorts, representans la dame Marie Louvel, veuve du sieur Gilles Barbeler, appelans du dit jugement. — Caen, Bonneserre, 1841, in-4°, 18 p.

DESCOUTURES (Reynold ERNULT).

Compte-rendu de la réunion générale annuelle de la Société historique et archéologique de l'Orne, tenue à La Ferté-Macé et à Bagnoles le 27 août 1852. (Bulletin de la Société historique et archéologique de l'Orne, 1852, t. XI, p. 385-401.

Étude de M° Mainier, avoué à la Cour impériale de Caen. — Simple protestation pour M° Chappé, notaire à la Sauvagère, contre la Réponse signifiée par M° Bodey, le 25 mai 1860. — Caen, B. de la Porte, s. d., in-4°, 8 p.

FRÉBET (l'abbé).

Flore du canton de La Ferté-Macé. (Annuaire pour le canton de La Ferté-Macé, 1883, p. 47-63).

— Un chapitre de l'histoire de l'instruction publique à La Ferté-Macé, 1800-1812. (Bulletin de la Société historique et archéologique de l'Orne, 1852, t. XI, p. 448-454).

FROTTÉ (marquis de).

Préfecture de la Creuse. Arrêté sur les écrits imprimés. A Guéret, le 28 juillet 1830. Le Préfet de la Creuse, le marquis de Frotté. — Guéret, Dugenest, 1830, in-folio.

Inauguration de l'église de La Ferté-Macé, le ἐ
août 1860.—La Ferté-Macé, lithographie Bouquerel.

Jesus Maria, Ad majorem Dei gloriam, illustris-
simo ac reverendissimo DD. episcopo Sagiensi. Pro
exercitatione publica. in ecclesià Firmitatis-Macœi,
die vigesimà nonà mensis julii, anni Domini 1808.
nonà horà ad undecimam, Ivo Guilmard, Firmo-
Macœus. Cenomani, apud D. Dureau. typographum,
in-folio.

Liané de Néel (Eugène).

Histoire et antiquités de la baronnie de La Ferté-
Macé et des communes qui en dépendaient, et sur
l'origine d'une des plus anciennes familles de la ville,
publiés par son frère Arsène. auteur de plusieurs
ouvrages. — Vire, Rivet-Barbot, 1875, in-8°, 40 p.

Legallois (Dʳ Arthur).

Lutte des Fertois pour leur commerce, contre l'au-
torité royale au XVIIIᵉ siècle. (Annuaire pour le
canton de La Ferté-Macé, 1883. p. 74-93).

Lemeunier de la Gérardière (Philéas).

Note adressée à Son Exc. le Ministre de l'agriculture, du commerce et des travaux publics, par les
délégués de la ville de La Ferté-Macé (Orne), concernant la direction à donner au chemin de fer de
Flers à Mayenne. — Alençon, Poulet-Malassis et De
Broise, 1861, in-4°, 8 p., 8 pl. — Signé : Pour les
Délégués de La Ferté-Macé: Lemeunier de la Gérar-
dière, maire de la ville.

Le Meunier de la Raillère (Gustave).

Discours. (Bulletin de la Société historique et archéologique de l'Orne, 1852, t. X, p. 402-404).

Mémoire pour Mᵐᵉ Anne Guimond et pour M. Pierre-Alphonse-Liboire Gérard, son mari, propriétaire et membre du Conseil général du département de l'Orne, demeurant à Magny-le-Désert, intimés en appel;

Contre Mᵐᵉ Jean-Baptiste-Jacques de Lossendière, née Marie-Gabrielle de Vaufleury, demeurant à Mortain, appelante de jugement rendu par le tribunal civil de Domfront, le 18 novembre 1836. En cause : 1° M l'abbé Thomas Guimond; 2° M. Louis Guiboult. — Caen, Bonneserre, 1840, in-4°, 151 p.

Règlement sur les exercices et revues et sur le service ordinaire de la Garde nationale de La Ferté-Macé. — Domfront, Crestey, s. d. (1831), in-12, 12 p.

Statuts de la Caisse d'épargne établie à La Ferté-Macé (Orne) et autorisée par décret du 17 novembre 1862.

Statuts du Cercle littéraire et commercial de La Ferté-Macé. — La Ferté-Macé, lithographie Bouquerel, in-f°.

Ville de La Ferté-Macé. Chambre consultative des arts et manufactures. Chemin de fer de Flers à Mayenne. Deux mots en réponse au Comité de Domfront. — Paris, Schiller, 1862, in-8°. 28 p.

Bibliographie de Bagnoles.

ARREST NOTABLE concernant les bains de Ba-
gnolles et le lieu de Versailles proches les dits bains,
rendu en Conseil d'État du Roy, le 17 septembre 1737,
en faveur du sieur François Dupont, bailly de La
Ferté-Macé, ou représentants, contre Pierre Hélie,
écuyer, sieur de Cerny, conseiller du Roy, lieute-
nant général à Falaise. — In-f°.

BAGNOLES-THERMAL. Journal.

BAINS DE BAGNOLES, département de l'Orne, 1814.
— Bagnoles, 1er juin 1814, in-f°, pièce.

BARRABÉ (le Dr)
Étude sur les Eaux de Bagnoles-de-l'Orne, 1894.
— De la cure des Phlébites par les eaux minéro-
thermales de Bagnoles-de-l'Orne, 1895.

BARRÉ (le Dr).
Chroniques médicales (dans l'Ordre, juillet-août
1878).

BLANCHETIÈRE (Louis).
Monuments mégalithiques des environs de Bagnoles (Bulletin de la Société historique et archéologique de l'Orne, 1892, t. XI, p. 475-483).

BLANZAY (J.-M.).
Bagnoles de l'Orne (Normandie). Guide du bai-
gneur aux eaux minéro-thermales de Bagnoles-de-
l'Orne. — La Ferté-Macé, Ve A. Bouquerel, 1885,
in-8°, 80 p.

CENSIER (le D').

CHALLEMEL (Wilfrid).
Bagnoles (Parc de) (Revue normande et percheronne illustrée, 1894, t. III, p. 297).

CONTADES (le comte Gérard de).
Rapport (Bulletin de la Société historique et archéologique de l'Orne, 1892, t. XI, p. 137-147). Lu dans la séance tenue à Bagnoles et relatif principalement à Bagnoles.
— Bagnoles-de-l'Orne (Normandie monumentale).

DELAHAYE (Gaston).
Les fêtes de Bagnoles (*Journal d'Alençon*, 14 août 1894).

DUPLESSIS (M⁰¹).
Étude sur Bagnoles (Couronnée par la Pomme aux assises tenues à Bagnoles, le 15 août 1886).

DUVAL (Louis).
Les médecins de Bagnoles (Bulletin mensuel de la Société scientifique Flammarion, 1885, t. III, p. 284, 318, 336).
— Bagnoles de l'Orne et ses environs (Revue normande et percheronne illustrée, 1852, t. I, p. 145 et suiv.).

EAUX THERMALES et eaux ferrugineuses. 1820. Tarif des frais de séjour aux bains de Bagnoles (Orne). — S. l. n. d., in-4°, 3 p.

ÉTABLISSEMENT THERMAL de Bagnoles-de-l'Orne). Société nouvelle. — Paris, Bonaventure et Ducessois, s. d. (vers 1865). in-4°, 2 p. — En tête se trouve une vue de l'établissement, par E. Borne.

FÊTES (les) de la Pomme à Bagnoles. (*Avenir de l'Orne*, 10 août 1888).

FÊTES (les) de Bagnoles. (*Journal de la Ferté-Macé*, 19 août 1891).

GALLAND.
Établissement thermal de Bagnoles. — La Ferté-Macé, Bouquerel, 1877, in-8°.

LECLERC (Louis).
Bagnoles-Polka, 1889 (Prix, 1 fr. 75). Accompagné d'une vue de l'établissement.

LEDEMÉ (H.).
Recherches et observations pratiques sur les propriétés curatives des eaux thermales de Bagnoles-de-l'Orne. — A..... n, E. De Broise, 1867, in-8°.
La couverture imprimée porte : Eaux thermales de Bagnoles-de-l'Orne, leurs propriétés curatives. (Bibl. Nat.).

LEGALLOIS (Arthur).
Origines de Bagnoles-de-l'Orne. — La Ferté-Macé, Noël Guerré, 1889, in-8°, 55 p.
— Bagnoles-de-l'Orne et les environs. (Revue normande et percheronne illustrée. 1892. 1re année; p. 200.
— Bagnoles-de-l'Orne, 1891, 3e année, p. 133.

LE VASSONT (Georges).
Le Rhumatisme chronique en Normandie et Bagnoles-de-l'Orne. — Paris, Davy, 1883, 74-II p. in-8°.

LIESVILLE (A.-R. Frigault de).

Sources chaudes de Normandie. Guide du voya
geur à Bagnoles-les-Eaux (Orne), 1858 (Bibl. Nat.).

LONLAY (le comte Eugène de).

Les Eaux de Bagnoles. Le Saut du Capucin (Chan-
sons populaires). — Paris, Garnier frères, 1850,
p. 392 et 355.

— Les Eaux de Bagnoles. Album de musique de
danse. A Mᵐᵉ la Comtesse.

— Les Eaux de Bagnoles (Orne). Mélodie de Sé-
melé, paroles du comte Eugène de Lonlay. — Paris,
imprimerie Moncelet, 27, r. Croix-des-Petits-Champs.
(Extrait de la Mode nouvelle, 63, r. Sainte-Anne).—
Lithographie. Musique notée.

MONTLUC (Mᵐᵉ de), née MÉAULLE.

Bagnoles (25 août 1875). — Poésies.

PIDOUX.

Des Eaux thermales de Bagnoles-de-l'Orne dans
le traitement des affections rhumatismales, de la
goutte et de la gravelle. Mémoire présenté à la
Société d'hydrologie médicale de Paris, précédé d'un
Rapport sur le mémoire à la Société d'hydrologie,
dans sa séance du 16 mars 1868, par M. le Dʳ Pidoux.
— Alençon, E. De Broise, 1868, in-8° (Bibl. Nat.).

RENNEVILLE (Mᵐᵉ Eugène de), née de MARGERIE.

Voyage à Bagnoles. — Mélanges politiques et lit-
téraires.—Bayeux, Léon Vérel, 1849, in-8°, p. 57-78.

SOCIÉTÉ ANONYME des Eaux de Bagnoles (Orne).—
Paris, imprimerie générale des chemins de fer, A.
Chaix et Cⁱᵉ, 1877, in-4°, 4 p.

Société historique de l'Orne (la) à La Ferté-Macé et à Bagnoles. 27 août 1892 (*Journal d'Alençon* et *Courrier de Flers*, 4 septembre 1892).

Vimont (Eugène).

L'Établissement thermal de Bagnoles-de-l'Orne. (Bulletin mensuel de la Société scientifique Flammarion, 1885, t. III, p. 259.

Xau (Fernand).

Une touchante Cérémonie. Bagnoles-de-l'Orne. 15 août 1898. (*Gil-Blas*).

Bibliographie du canton de Domfront.

Barrabé.

Besnardière fils.

Fabrique de tresses en paille à Domfront. — Domfront, 5 octobre 1840, in-8°, s. d. n. l.

Beuret.

Le Rétablissement de l'Ordre de Prémontré. — Domfront, Noire, 1860, in-8°.

Bidard (René).

Vingt ans après! Souvenirs et impressions personnelles d'un médecin de mobiles, 1870-1881. — Alençon, A. Herpin, 1890, in-8°, 58-x p.

Blondel (Octave).

Des Servitudes naturelles et des eaux. — Domfront, Renault, 1869, in-8°.

BOUVIER (Jean).

Une étrange Affaire (Revue normande et percheronne illustrée, 1858-1869). — La scène se passe à Domfront.

CAUMONT (comte Arcisse de).

Notes sur la distribution des roches dans l'arrondissement de Domfront, extraites des Études géologiques du département de l'Orne, par M. Pluvier, inspecteur général des mines. — Caen, Le Blanc-Hardel, 1869, in-8°, 19 p (Extrait de l'Annuaire Normand, année 1869).

CHAMBAY (Louis), avocat.

Étude sur Domfront et ses environs pendant la Révolution (Revue normande et percheronne illustrée, t. VI, 1897; t. VII, 1898, et t. VIII, 1899).

CHRISTOPHLE (Albert-Silas-Médéric-Charles), né à Domfront, le 13 juillet 1830.

Traité des travaux publics. — Paris, 1862, 2 vol. in-8°.

— Proclamations et circulaires de M. Christophle, préfet de l'Orne, relatives à l'administration de ce département, 1870.

— Circulaires électorales. Discours à l'Assemblée nationale et à la Chambre des députés.

— Rapports au Conseil général de l'Orne.

— Lettre de M. Christophle à M. Dugué de la Fauconnerie, 12 octobre 1885. — Alençon, F. Guy, placard in-folio.

— La Pomme. Discours de M. Albert Christophle, président, à la séance du 16 août 1888, à Bagnoles-de-l'Orne. — Alençon, F. Guy, 1888, in-8°, 14 p.

— Crédit Foncier de France. Rapport de M. Christophle, gouverneur du Crédit Foncier, à Monsieur le
Ministre des finances. — Paris, Paul Dupont, 1890,
in-8°, 46 p.

— Un Sonnet à Pasteur (Revue normande et percheronne illustrée, t. II, 1883, p. 9).

— M. de Saint-Martin, vicomte de Briouze. A
Monsieur Louis Duval (Revue normande et percheronne illustrée, p. 246).

COLLÈGE DE DOMFRONT.

Virgini Dei-Parœ Theses philosophicœ... Propugnabit Franciscus Bazille, Cenomanensis, in Collegio rego Donofrontensi, die vigesimâ mensis julii
1734, ab horâ nonâ matutinâ ad moridiem et a tertiâ
serotinâ ad sextam. Pro exercitatione publicâ. —
Cadomi, apud Joannem Poisson, Regii Borbonii Societatis Jesu Collegii celeberrimœ Academiœ Cado-
mensis typographum, in-f°·

— Thèses... Propugnare conubitur Julianus-Lu-
dovicus-Theodoricus Tassin, cenomanensis, die mer-
curii 16 julii, anno Domini 1749, horâ tertiâ serotinâ
usque ad quartam. in Collegio regio Donofrontensi,
Congregationis Jesu et Mariœ, pro IV actu publico.
— Cadomi, apud Joannem Poisson, Regii Borbonii
Societatis Jesu Collegii celeberrimœ Academiœ Ca-
domensis, nec non Seminarii Donofrontensis typographum, in-f°.

— Exercices publics. Ex tertianis.
Ex quartanis.
In œdibus Domfrontensis gymnasii die vigesima
nona mensi julii anno Domini 1775, pro exercitatione

publica. Franciscus Garnier-Le Teurrie (Passais). —
Cadomi, apud P.-J. Poisson, Gymnasii nec non Domfrontensis Seminarii typographum in-f°.

De his omnibus supradictis satisfacere conabitur
Franciscus Fiault, quartanus auditor, è parochio
vulgo dictâ Saint-Marc-de-Grenne, Cenomanensis,
in regio Domfrontensi gymnasio. Die 17 juilliti,
anno Domini 1790.

— Exercices publics. An XI. — Caen, F. Poisson,
an XI, in-f°.

— Dieu, religion, patrie. — Instruction publique.
— Exercices du Collège de Domfront, an XII. —
Vire, Adam, an XII.

— Id., an XIII. — Id.

— Id., 1806. — Id.

— Université impériale. Collège de Domfront. —
Exercices et distribution des prix pour l'année 1813.
— Vire, Adam, 1813.

— Université de France. Académie de Caen. Collège de Domfront. — Exercices et distribution des
prix pour l'an 1814. — Id.

— Académie royale de Caen. Collège de Domfront.
— Distribution solennelle des prix faite aux élèves
le 9 août 1831. — Domfront, Crestey, in-8°, 8 p.

CommUNE DE CÉAUCÉ (Orne).

Syndicat de hannetonnage, présidé par M. Albert
Christophle, député de l'Orne. Résultats de la cam-
pagne de 1889. — Domfront, F. Renault, 1889, in-8°.
16 p.

CONSULTATION.

Cour royale de Caen, 1re Chambre. Délibéré à

Caen, le 1er février 1828. Foucault, Marc, Simon, R. Simon, Mabire, Le Dent. — Caen, A. Le Roy, in-4°, 12 p. — Pour la dame Marguerite Le Comte, épouse civilement séparée de François Barbot.

CRESTEY.

Histoire de la ville de Domfront — Domfront, Noire, in-12, 4 p.

DELISLE (G.).

Nouvelle consultation pour les sections des hameaux de la commune de Saint-Front..... stipulés par Charles-François Petion, leur syndic. Contre la dite commune de Saint-Front, appelant du dit jugement. Délibéré à Caen, le 11 décembre 1816. — Caen, G. Lecréne, in-4°, 16 p.

— Département de l'Orne. — Mines et minières. — Commune de Saint-Clair-de-Halouze. Demande en concession formée par le sieur Moulin. Alençon, le 30 janvier 1835. — Alençon, Poulet-Malassis, 1835, in-f°.

DUVAL (Louis).

Les Députés de l'Orne, de 1789 à 1815. — Alençon, Marchand-Saillant, 1882, in-8° (Extrait de l'Annuaire de l'Orne). — Notices sur H. de Beauregard, sur Barbotte, sur Bertrand l'Hodiesnière, sur Thomas-La Prise Chable d'Essay.

— La Rencontre de Richard Cœur de Lion avec Roger d'Argentan. Les Sarrasins de Domfront. — Argentan, imprimerie du *Journal de l'Orne*, 1890, in-8°, 11 p. (Extrait de l'Almanach de l'Orne, 1890).

— Domfront aux XIIe et XIIIe siècles. Lecture

faite à Domfront. — Alençon, E. Renault-De Broise, 1890, in-8°, 48 p. (Bulletin de la Société historique et archéologique de l'Orne).

— Éphémérides de la Moyenne-Normandie et du Perche en 1789. — Alençon, F. Guy. 1890. — (Articles sur Domfront. p. 18, 23, 208, 212).

— Raoul de Domfront, patriarche d'Antioche (Revue normande et percheronne illustrée, p. 179 et 243).

— Louis Blanchetière (Id., 4° année, p. 49).

Estienne (Gaston).

Dieu peut tout. — Domfront, Renault, 1867. in-8°.

— Sainte Marguerite-Marie Alacoque, 1868. — Id.

Hamard (Pascal-Lucien-Pierre), représentant du peuple en 1848.

Monsieur le Président, Messieurs les Membres du Conseil général. Le Bureau du Comice agricole de Domfront est chargé de vous présenter quelques observations au sujet de la subvention que, depuis douze années, vous n'avez cessé de lui allouer. Les Membres du Bureau du Comice : Hamard, président; Thibert, secrétaire; Achard des Hautes-Noes, Antony des Chateaux, Hamard, curé du Chatellier. — Vire, Adam fils, s. d., in-4°.

— Recueil de Cantiques. — Domfront, Liard. 1868. in-18.

Hamard (Jean-Baptiste), né à Chanu, le 8 mai 1831.

Fouilles d'Hermes, in-8°.

Le Boucher (Julien), promoteur de Domfront, curé de Condé-sur-Noireau, de 1630 a 1650. — Il est

l'auteur d'un livre de controverse publié à l'occasion d'une dispute qu'il avait eue avec M. de Montbrey, avocat protestant.

Bibliographie du Maine. — Huet, *Histoire de Condé-sur-Noireau*, p. 215-220.

LA TOUCHE (Gaston Chochon-Latouche), originaire de Champsecret.

Comment La Ferté-Macé a été bâtie.

LEFAVERAIS (Julien-Henri).

Les Origines du Passais. (Bulletin de la Société historique et archéologique de l'Orne).

— Histoire de Lonlay-l'Abbaye, in-8°.

LEPETIT (Edmond).

Variétés pédagogiques. Souvenirs d'enseignement primaire, 1878-1889. — Domfront, F. Renault, 1890, in-8°, 152-II p.

— Notice sur l'Association syndicale autorisée de hannetonnage de la commune de Céaucé. — Domfront, imprimerie du *Journal de Domfront*, 1894, in-12.

LEPRINCE.

La Lecture enseignée par une méthode facile et prompte. — Domfront, Folloppe, 1873, in-8°.

LIBERTÉ, ÉGALITÉ, FRATERNITÉ, JUSTICE.

Domfront, le 2 nivôse, troisième année républicaine. Les Administrateurs du district de Domfront à la municipalité. — In-4°, s. l. n. d.

LIVACHE.

A MM. les Préfets.—Domfront, Liard, 1871, in-8°.

LORIOT (Charles-Florentin).

La Fresque de l'église Saint-Julien de Domfront (Bulletin de la Société historique et archéologique de l'Orne, t. VII).

— Le Château de Talvas (Ibid., t. VIII).

— Louis Blanchetière. (Ibid., t. XIV).

MEMBRES (les) composant l'Administration municipale de Champsecret, arrondissement de Domfront, à Monsieur le Préfet et à Messieurs les Membres composant le Conseil général du département de l'Orne, 23 août 1847. Guérin, maire; Chochon-Latouche, adjoint; Letourneur, adjoint; Pottier, Pesnel, etc. — Domfront, Crestey, s. d., in-4°, 4 p.

MÉMOIRE pour M. François-Gabriel Delozier, propriétaire à Lonlay-l'Abbaye, intimé. Signé: Delozier, Me Amiard, avoué. — Caen, Goussiaume-Delaporte, in-8°, 106 p.

— Enquête de Mme Ve Lhomer et joints. Contre le sieur Delozier. Signé Biré. — S. l. n. d., in-4°, 95 p.

SÉMINAIRE DE DOMFRONT.

Thèses... Christo Jesu Conclusiones philosophicœ ex anthologica propugnabunt in Seminario Donofrontensi, die julii, anno Domini 1712, horis pomeridianis ad vesperas. Guillelmus Plessis et Simon Fleury, Donofrontenses. — Alençonii, apud V. ante D. Augereau, typographi regii.

— Deo optimi maximo. Quœstio theologica.....

— Deo Conclusiones philosophicœ. Propugnabit Joannes-Jacobus Mezenge de la Jardinière, è parochiâ vulgo dictâ la Ferrière, die mensis julii, anno Domini 1769, horâ ad quartam. Præses erit N. Osmont, Congregationis Jesu et Mariæ, vulgo dictæ des Eudistes, sacerdos et philosophiæ professor, in aulâ Seminarii Domfrontensis, pro actu publico. — Cadomi, apud Joannem Poisson, Gymnasii nec non Domfrontensi Seminarii typographum.

THOMINE-DESMAZURES.

Consultation. Délibéré à Caen, le 7 décembre 1861. — Caen, E. Poisson, s. d., in-4°, 34 p.

Relatif à l'affaire Delozier, de Lonlay-l'Abbaye.

Caen. — Imp. II. DELESQUES, rue Froide, 2 & 4.

160